Andrea Reitmeyer und Dirk Römmer

Emily und das Meer

Emily un dat Meer

JUMBO

für Kilian

Andrea Reitmeyer und Dirk Römmer

Emily und das Meer

Emily un dat Meer

Emily liebt den weichen, warmen Sandboden unter ihren Füßen.
Die Sonne scheint und ein leichter Wind weht.
»Ein wunderschöner Tag, um im Meer schwimmen zu gehen«, denkt sie.
Emily liebt es, mit den Wellen um die Wette zu springen und im
Wasser zu toben. Es gibt für sie nichts Schöneres.
Aber was ist das?

Den weken, warmen Sand ünner de Fööt föhlen. Dat mag Emily to geern!
De Sünn schient un de Wind suselt sachten.
»Wat een wunnerblänkern Dag! Dor passt Baden in de See to«, denkt se.
Emily mag to geern mit de Wellen in de Wett in't Water rümspringen un toven.
Dat gifft eenfach nix, wat schöner för ehr is.
Man wat is dat?

Dort, wo sie gestern noch im kühlen Wasser schwimmen und planschen konnte, ist bis auf ein paar schlammige Pfützen nur noch der nasse Sandboden zu sehen. Vom Meer keine Spur. Emily ruft aufgeregt: »Wer hat das Meer geklaut?«

Dor, wo se gistern noch in’t Water swimmen un rümspaddeln kunn, is blots noch de natte Grund bleben. Un’n poor muddige Peiten! Dat Meer is eenfach weg! »Wokeen hett dat Meer klaut?«, röppt Emily heel ut de Tüüt.

»Keine Ahnung, wo das Meer ist!«, antworten die Möwen. »Ist uns aber auch ganz egal. Wir sind froh, dass es weg ist. So können wir nach leckeren Wattwürmern suchen. Mmmh!«

»Dor weet wi ok nix vun, wo dat Water is!«, roopt de Möven. »Dat is uns ok puttegol! Wi freit uns, wat dat Water weg is. So köönt wi op de lecker Wattwörms dol! Mmmh!«

»Mach dir keine Sorgen, es kommt sicher bald zurück!«, raunzt ein müder Seehund.
»Vielleicht … hat jemand den Stöpsel gezogen?«
Er schließt wieder seine Augen und setzt seinen Mittagsschlaf fort.

»Mook di man blots keen Sorgen! Duert nich lang un dat kummt wiss wedder trüch!«, gnurrt so'n olen möden Seehund.
»Villicht ... hett een den Stöpsel ruttrocken?«
He mookt de Ogen dicht un sackt wedder in sienen Middagslaap.

Emily überlegt: »Den Stöpsel? Wer könnte den gezogen haben, vielleicht ein ganz frecher Fisch?
Nein, das ist Unsinn. Eine Badewanne hat einen Stöpsel, aber auf dem Meeresboden gibt es so etwas sicher nicht.«

Emily öberleggt: »Den Stöpsel? Wokeen schull den woll ruttrocken hebben? Een heel un deel kiebige Fisch villicht?
Nee, dat is Dummtüch! Een Baadwann hett sowat as'n Stöpsel, man doch nich de Grund vun de See!«

»Ich weiß auch nicht genau, wo das Meer ist«, sagt die Qualle. »Aber mich hat es hier vergessen. Ich hoffe, es kommt wieder zurück, um mich zu holen.

Ich mag den trockenen Sandboden gar nicht.

Aber ich hörte einmal, die Fischer wären schuld daran. Sie fangen das Meer ein und lassen es erst wieder frei, wenn sie genug Fische gefangen haben!«

»Ik weet ok nich för wiss, wo dat Meer afbleben is!«, antert de Quall. »Mi hett dat hier vergeten. Ik will höpen, dat kummt foorts wedder trüch un hoolt mi. Ik mag dat hier gar nich op't Dröge! Ik heff ober mol hööπt, de Fischerlüüd hebbt de Schuld: De fangt dat Meer eenfach in un laat dat eerst wedder free, wenn se noog Fisch fungen hebbt!«

»Wäre es möglich, dass Fischer das Meer einfach einfangen?
Nein, die fangen die Fische doch mit Angeln oder Netzen.
Die Qualle kann unmöglich recht haben!«, denkt Emily.

»Kann dat woll angohn: De Fischerlüüd fangt dat Meer eenfach in?
Ach wat! Nee doch! Se fangt de Fisch mit Angeltüüch un Netten.
De Quall is'n groten Tüünbüdel!«, denkt Emily.

»Das Meer wurde von den Walen getrunken. Die haben riesige Mäuler. Ich habe mal einen gesehen!«, erklärt der kleine Krebs.

»Dat Meer hebbt de Walfisch utdrunken. De ehr Muulwarken sünd sowat vun gewaltig. Ik heff mol eenen sehn!«, verklaart de lütt Dwarslöper.

»Wale? Stimmt, die sind schon ziemlich groß.« Das weiß auch Emily.
»Aber so groß, dass ein ganzes Meer hineinpasst?«

»Walfisch? Stimmt, de sünd warraftig gewaltig.« Dat weet ok Emily.
»Man so groot, wat dat hele Meer dor rinpassen deit?«

»Das Meer?
Das hat der Mond geklaut!«,
lacht der alte Seemann.
»Das ist ein frecher Geselle.
Gib acht, dass er dich nicht
auch noch mitnimmt!«

»Dat Meer?
Dat hett de Mond klaut!«,
lacht de ool Seemann.
»Dat is een Filou! Pass
blots op, wat he di nich ok
noch mitnehmen deit!«

»Der Mond ein Dieb? Das ist von allen Geschichten wirklich die albernste!«, ruft Emily trotzig.

»De Mond schall klauen? Dat is vun all de Geschichten rein de döschigst!«, röppt Emily luud un dickköppsch gegenan.

»Nun reicht es mir! Ich werde selber nachschauen, wo das Meer geblieben ist. Weit kann es noch nicht gekommen sein«, denkt Emily. Entschlossen läuft sie dorthin, wo eigentlich das Meer sein sollte. Nach einer Weile wird sie müde. Als sie sich umdreht, stellt sie erschrocken fest, dass der Strand unheimlich weit entfernt ist. Sie muss schon sehr lange gelaufen sein.

»Nu heff ik de Nääs vull! Dat langt! Ik warr sülbens nokieken, wo dat Meer afbleben is. Wied kann dat je noch nich komen wesen«, denkt Emily. Se hett sik vörnahmen un will dor henlopen, wo dat Water eegens wesen schull. Mit de Tied ward se mööd. Un as se sik ümdreiht, verjaagt se sik doch un ward gewohr: De Strand is al unheemlich wied weg. Se mutt al fix lang lopen hebben.

Plötzlich kitzelt etwas Kaltes an Emilys Füßen.
Sie springt vor Freude in die Luft.
Da ist es ja: das Meer!

Op eenmol keddelt wat üm Emily ehr Fööt rüm.
Un koold is dat! Se is rein ut de Tüüt und springt
in de Luft. Dor is dat je: dat Meer!

Emily hat das Meer ganz alleine gefunden.
Oder hat das Meer sie gefunden?

Emily hett dat Meer heel alleen funnen.
Oder hett dat Meer ehr funnen?

Auf einmal ist das Wasser überall.
Und es steigt.

Mit't Mal is dat Water allerwogens.
Un woans dat stiggt!

Emily stellt erschrocken fest, dass das Meer tatsächlich zurückkommt, wie die Seehunde es ihr erzählt haben.

Emily verjaagt sik meist un ward gewahr:
Dat Meer kummt warraftig wedder trüch!
So harrn se Seehunnen ehr dat vertellt.

Oje, das Wasser wird immer tiefer, Emily muss schwimmen.
»Hilfe!«, ruft sie.
Doch plötzlich kommt etwas geflogen und klatscht neben ihr ins Wasser.
Ein Rettungsring!

Och, du lebe Tied! Dat Water ward jümmer deper, Emily fangt an un mutt swimmen.
»To Hülp!«, röppt se.
Man mit't Mal flüggt dor wat un klatscht blangen ehr in't Water.
Een Swimmring!

Vun'n Lüchttoorn her harr de ool Seemann Emily al'n ganze Tied sehn un weer gau mit sien Boot to Hülp komen.
»Lütt Deerns dörft doch bi oplopen Water nie nich alleen in't Watt ünnerwegens wesen! Weetst du dat denn nich?«, fraagt he.
Emily hett wat in'n verkehrten Hals kregen un mutt hussten. Se is so opgeregt! »Ik weet blots, ik heff 'n Barg Woter sluken müsst.
Wat is denn öberhaupt meent mit Flood?«
De ool Seemann gifft ehr een warme Deek.
Denn vertellt he ehr de ganze Geschicht vun dat Meer, dat verswinnen deit.

Der alte Seemann hat Emily vom Leuchtturm aus beobachtet und ist schnell mit seinem Boot zu Hilfe gekommen.
»Kleine Mädchen dürfen doch bei Flut niemals allein im Watt herumlaufen, weißt du das denn nicht?«, fragt er. Emily hustet aufgeregt.
»Ich weiß nur, dass ich eine Menge Wasser geschluckt habe. Was ist denn überhaupt Flut?«
Der alte Seemann gibt ihr eine warme Decke. Dann erzählt er ihr die ganze Geschichte vom Verschwinden des Meeres.

Ebbe und Flut entstehen durch das Zusammenspiel von Mond und Erde. Dabei wird das Meer vom Mond angezogen. Der Mond wirkt wie ein riesiger Magnet. Und weil er sich um die Erde dreht, folgt ihm das Meer. Manchmal ist das Wasser also ganz tief und wir können schwimmen und in den Wellen toben.

De Tide mit Ebb un Floot kummt vun uns' Eerd un den Moond. Dat Water ward as vun'n gewaltigen Magnet vun'n Moond antrocken. Un wegen de sik üm de Eerd dreiht, löppt em dat Water achteran. Mannigmol is dat Water heel deep un wi köönt fein swimmen un in de Wellen spaddeln.

Doch der Mond dreht sich weiter um die Erde und das Wasser folgt ihm, verabschiedet sich langsam vom Strand.

Man de Moond dreiht sik jümmer wieder üm de Eerd un dat Water kötert em achteran un seggt den Strand op't Letzt Adtschüß.

Nach ungefähr sechs Stunden scheint das Meer verschwunden zu sein. Wir nennen das ***Ebbe***. Nun ist Zeit dafür, den schönen Wattboden zu erkunden. Das sollten wir aber nur mit einem Wattführer machen, der sich gut auskennt und uns zeigen kann, wo man spazieren gehen darf. Im Watt können wir zum Beispiel tolle Muscheln oder Wattwürmer finden. Der Meeresboden ist so spannend!

No bummelig söss Stünnen lett dat, as weer dat Meer verswunnen. Dor seggt wi ***Ebb*** to. Un hebbt Tied un ünnersöökt den Grund vun't Watt. Dat schullen wi alltohoop blots mit eenen moken, de sik in't Watt utkennt un uns wiesen kann, wo wi lopen dörft. Op'n Sand köönt wi Muscheln sammeln, Wattwörms söken un utbuddeln. Disse Wattgrund is sowat vun interessant!

Wenn wir nun wieder sechs Stunden warten, können wir beobachten, wie das Wasser erneut steigt. Das nennen wir ***Flut***.

Hebbt wi nu wedder üm un bi söss Stünnen töövt, köönt wi tosehn, woans dat Water wedder stiegen deit. Dor seggt wi ***Flood*** to!

Emily hat sich gleich auf den Weg zu ihren neuen Freunden am Meer gemacht, um ihnen die ganze Geschichte zu erzählen.

Weder die Wale noch die Seemänner oder frechen Fische waren schuld am Verschwinden des Meeres, nein, es war tatsächlich der Mond.

Der Mond hat das Meer geklaut!

Emily hett sik glieks op'n Padd mookt, hen no ehr nee Frünnen in't Meer. Se will jüm de hele Geschicht vertellen.

Nich de groten Walfisch un ok nich de Seelüüd or de kiebigen Fisch hebbt dor de Schuld an, wenn dat Meer verswinnen deit. Nee, dat weer warraftig de Moond.

De Moond hett dat Meer klaut!

Andrea Reitmeyer, wurde 1979 in Ostfriesland geboren und studierte an der Fachhochschule Mainz Kommunikationsdesign. Heute arbeitet sie als freie Illustratorin und Autorin und lebt mit ihrer Familie in Mainz. Bei JUMBO sind u. a. ihre Bücher »Emily und das Meer«, »Igel Igor mag das nicht«, »Trau dich, Ida!«, »Kleine Biene Hermine, wo bist du zu Haus?«, »Robin. Ein kleiner Seehund räumt auf«, »Pitje gehört zu uns« und »Karl Kunterbunt. Ein Chamäleon zeigt Farbe« erschienen. Ihre Bücher wurden bereits in vielen verschiedenen Sprachen veröffentlicht.

Dirk Römmer, 1943 in Hamburg geboren, ist evangelischer Geistlicher, niederdeutscher Autor, Übersetzer und Moderator. Er war Gastgeber der NDR-Talkshow »Talk op Platt«. Dirk Römmer lebt in Tönning an der Nordsee.

Originalausgabe
7. Auflage 2023

Text und Illustrationen: Andrea Reitmeyer | Ins Deutsche übertragen von Dirk Römmer
Lektorat: Julia Stefanie Kress | Grafische Bearbeitung: Hanna Wienberg
Druck: FINIDR, s.r.o., Lípová 1965, 737 01 Český Těšín, Tschechische Republik
ISBN 978-3-8337-2937-9

www.jumboverlag.de

Andrea Reitmeyer bei **JUMBO**

Am Meer gibt es so viel zu entdecken! Besonders gerne lässt Emily ihren Drachen steigen und sucht Muscheln und Steine. Doch was ist das für ein Hügel, der gleich hinter dem Strand liegt? Emily trifft Schafe, Kühe und Möwen, die alle eine Erklärung für die seltsame Wiese haben. Plötzlich wird der Himmel ganz dunkel und ein Sturm zieht auf! Zum Glück lädt der alte Seemann Emily in den Leuchtturm ein, wo sie alles über Deiche und das Leben am Meer erfährt.

Bilderbuch Hochdeutsch ISBN 978-3-8337-3387-1
Bilderbuch Hoch- und Plattdeutsch ISBN 978-3-8337-3388-8

Emily ist zu Besuch auf dem Bauernhof von Tante Marie und Onkel Theo. Dort gibt es jede Menge zu entdecken! Emily darf die Kühe melken und auf dem Traktor mitfahren. Mit Tante Marie backt sie einen leckeren Gugelhupf. Die Zutaten dafür gibt es natürlich direkt auf dem Bauernhof: Eier von den Hühnern, Milch von der Kuh …

Bilderbuch Hochdeutsch ISBN 978-3-8337-3687-2
Bilderbuch Hoch- und Plattdeutsch ISBN 978-3-8337-3686-5

Bilderbuch ISBN 978-3-8337-4010-7

Der kleine Seehund Robin lebt mit seiner Familie auf einer Sandbank im Meer. Eines Tages taucht dort unerwartet ein Kegelrobbenmädchen auf und bittet um Hilfe. Gemeinsam machen sie sich auf den Weg. Auf ihrer Reise durch das Meer stellt Robin fest, wie viel Müll darin herumschwimmt. Entschlossen, das zu ändern, fasst Robin einen Plan …

Bilderbuch ISBN 978-3-8337-3815-9

Die kleine Biene Hermine lebt auf einer Wiese am Wald. Zusammen mit anderen Bienen sucht sie nach Nektar und verteilt Pollen. Doch dann zerstören schwere Maschinen den Wald und die Wiese. Hermine muss sich ein neues Zuhause suchen und begibt sich auf eine aufregende und abenteuerliche Reise …

Bilderbuch ISBN 978-3-8337-3551-6

Ida Eichhörnchen traut sich nicht!
Der Baum ist zu hoch, der Wald zu dunkel und überhaupt – man weiß ja nie. Während die anderen Hörnchenkinder unten spielen, toben und die tollsten Sachen entdecken, bleibt Ida oben auf ihrem Ast sitzen.
Da flattert eines Tages ein wunderschöner Schmetterling vorbei und flüstert ihr etwas ins Ohr. Und auf einmal traut Ida sich doch …
Eine liebevoll illustrierte Geschichte über Mut und eigene Stärken. Mit vielen Infos über Eichhörnchen, ihre Eigenschaften und Lebensweisen.

Bilderbuch ISBN 978-3-8337-4016-9

»Es ist gar nicht schön, der kleinste Elefant zu sein!«, findet Elio und beschließt, sich eine neue Herde zu suchen …
Die liebevoll gestaltete Geschichte nimmt Klein und Groß mit auf eine spannende Entdeckungsreise.